SUR GRIN VOS CONNAISSANCES SE FONT PAYER

- Nous publions vos devoirs et votre thèse de bachelor et master

- Votre propre eBook et livre – dans tous les magasins principaux du monde

- Gagnez sur chaque vente

Téléchargez maintentant sur www.GRIN.com et publiez gratuitement

Alexander Schwalm

Homme politique et star des médias - L'image de Nicolas Sarkozy

GRIN Publishing

Bibliographic information published by the German National Library:

The German National Library lists this publication in the National Bibliography;
detailed bibliographic data are available on the Internet at http://dnb.dnb.de .

This book is copyright material and must not be copied, reproduced, transferred, distributed, leased, licensed or publicly performed or used in any way except as specifically permitted in writing by the publishers, as allowed under the terms and conditions under which it was purchased or as strictly permitted by applicable copyright law. Any unauthorized distribution or use of this text may be a direct infringement of the author s and publisher s rights and those responsible may be liable in law accordingly.

Imprint:

Copyright © 2009 GRIN Verlag, Open Publishing GmbH
Print and binding: Books on Demand GmbH, Norderstedt Germany
ISBN: 978-3-640-86799-8

This book at GRIN:

http://www.grin.com/fr/e-book/168847/homme-politique-et-star-des-medias-l-image-de-nicolas-sarkozy

GRIN - Your knowledge has value

Since its foundation in 1998, GRIN has specialized in publishing academic texts by students, college teachers and other academics as e-book and printed book. The website www.grin.com is an ideal platform for presenting term papers, final papers, scientific essays, dissertations and specialist books.

Visit us on the internet:

http://www.grin.com/

http://www.facebook.com/grincom

http://www.twitter.com/grin_com

Homme politique et star des médias – l'image de Nicolas Sarkozy

1. Introduction: Petite biographie de Nicolas Sarkozy
2. Le règne politique sous Nicolas Sarkozy
2.1 L'utilisation des symboles politiques et nationaux
2.1.1 Guy Môquet – héro et symbole national
2.1.2 Maître de la politique des symboles
2.2 Les changements dans le gouvernement et à l'Élysée
2.3 Les réformes dans la politique intérieure
2.4 La politique extérieure
3. La médiatisation de Nicolas Sarkozy
3.1 Sarkozy, pourquoi fascine-t-il la population?
3.2 Les liens médiatiques
3.3 Les femmes de Nicolas Sarkozy
3.3.1 Comment il se sert des femmes pour renforcer sa popularité
3.3.2 Carla Bruni – La vedette aux côtés du président
4. L'évolution de l'image de Nicolas Sarkozy
5. Conclusion: Mon opinion personnelle de Nicolas Sarkozy
6. Sources

1. Petite biographie de Nicolas Sarkozy

Comme fils de Pál Sárközy (maintenant Paul Sarkozy), un immigré hongrois et Andrée Mallah, une juriste, Nicolas Sarkozy est né le 28 janvier 1955 dans le XVIIe arrondissement de Paris. Nicolas a deux frères, Guillaume né en 1952, qui est le chef d'une entreprise dans le textile et François, né en 1957, qui est pédiatre et chercheur en biologie. En 1959 Paul Sarkozy, le père, divorce et quitte sa famille. Ainsi pour pouvoir élever les trois enfants la mère de Nicolas reprend ses études et devient avocate.

Le jeune Nicolas commence au lycée public Chaptal, où il redouble la sixième, puis il entre au lycée privé Saint-Louis de Monceau. En 1973 il obtient le baccalauréat B et sa famille déménage à Neuilly, un faubourg de Paris. Nicolas fait ses études en droit public et en sciences politiques à l'université Paris X Nanterre. Après avoir reçu son diplôme et une maîtrise de droit privé en 1978, il est appelé sous les drapeaux. Puis il réfléchit beaucoup d'une carrière journalistique, mais il se décide en 1981 finalement de suivre sa mère et de passer le certificat d'aptitude à la profession d'avocat. Le 23 septembre 1982 Nicolas Sarkozy épouse Marie-Dominique Culioli. Avec elle il a deux fils, Pierre et Jean.

Sa carrière politique vraiment commence quand il a 28 ans: il devient maire de Neuilly-sur-Seine en 1983. Par conséquent il n'exerce plus la profession d'avocat pendant les périodes de son activité gouvernementale. Mais il obtient encore un dividende des profits de son cabinet d'avocat. En 1996 il épouse, en deuxième mariage, la femme, qu'il a déjà rencontrée en 1984, est Cécilia Ciganer-Albeniz, avec laquelle il a son troisième fils, Louis, qui naît en 1997. En ce qui concerne la politique, il obtient des postes de plus en plus importantes. À 34 ans il devient député au ministère de l'intérieur et à 38 ans il est nommé ministre du Budget. Nicolas Sarkozy donc apprend mieux la politique gouvernementale et il devient porte-parole du gouvernement. C'est déjà à cette époque qu'il se fait connaître au grand public. D'avril à octobre il est le président par intérim du RPR. Après une défaite disruptive avec la liste RPR-Démocratie Libérale aux élections européennes de 1999, Nicolas Sarkozy se retire de la politique nationale. À la suite il rend à son cabinet d'avocat et publie son livre «Libre» en 2001. Mais durant l'année 2002 il connaît de nouveau un grand succès et une ascension politique et personnelle. Il est réélu député de Puteaux et Neuilly-sur-Seine. En soutenant Jacques Chirac à la réélection présidentielle, Nicolas Sarkozy obtient le poste du ministre de l'Intérieur. En mars 2004 il est nommé ministre d'État, ministre de l'Économie et ministre des Finances et de l'Industrie. Élu le président du parti UMP (Union pour un mouvement populaire) en novembre 2004, il déclare aussi qu'il veut présenter une candidature à la prochaine élection présidentielle. Alors en 2005 Nicolas Sarkozy est un homme plutôt puissant en cumulant le poste de ministre d'État, de ministre de l'Intérieur et de l'Aménagement du territoire avec celui de président de l'UMP. Exerçant le poste de ministre de l'Intérieur, sa tâche la plus importante est de s'occuper de la sécurité de l'État. Entre autres il a initié une loi sur l'évolution du droit de l'immigration en France et un projet de loi sur la prévention de la délinquance en 2006.

Après avoir été élu candidat de l'UMP à l'élection présidentielle le 14 janvier 2007, Nicolas Sarkozy quitte ses fonctionnes comme ministre de l'Intérieure, le 26 mars 2007 pour s'investir plus dans sa campagne présidentielle de 2007. Il a déjà fait connaître sa volonté de la candidature pour les élections présidentielles aux journalistes en 2004 et dans une interview à la presse régionale le 29 novembre 2006. Enfin Nicolas Sarkozy est élu président de la République au deuxième tour, le 6 mai 2007, avec 53,06 % des suffrages. Son adversaire Ségolène Royal n'obtient que 46,94 % des voix. Il en résulte qu'il devient le 23e Président de la République avec la passation de pouvoir le 16 mai 2007 à l'Élysée où il est déclaré Chef de l'État. Le nouveau président démissionne la présidence de l'UMP le 14 mai 2007. Après la séparation par consentement mutuel de sa femme Cécilia, le 18 octobre 2007 et le divorce suivant on le voit souvent en compagnie de la chanteuse et ancienne mannequin Carla Bruni. La dernière devient sa troisième femme quand il l'épouse le 2 février 2008 au palais de l'Élysée.

La liaison avec Carla Bruni fait grand sensation médiatique nationale et internationale. Mais ce n'est pas que la seule chose où Nicolas Sarkozy attire l'intérêt du public et des médias. Comme aucun Président de la République avant lui, il sait très bien se mettre en scène. Concernant sa «rupture» avec la politique de ses prédécesseurs ou sa vie privée avec ses femmes, Nicolas Sarkozy est omniprésent. Alors qu'est-ce qui constitue l'image de cet homme politique qui est devenue très rapidement la star des médias? De plus, comment est-il devenu tellement fameux et populaire et comment son image s'est-il développé?

Pour les réponses regardons d'abord sa politique en tant que nouveau chef de l'Etat.

2. Le règne politique sous Nicolas Sarkozy

2.1 L'utilisation des symboles politiques et nationaux

Faire de la politique et en même temps se faire aimer, c'est la façon avec laquelle Nicolas Sarkozy agit. Et il sait bien utiliser les moyens qui l'aident, par exemple les symboles politiques et nationaux.

2.1.1 Guy Môquet – héro et symbole national[1]

Le 3 septembre 2006 Nicolas Sarkozy qualifie Guy Môquet pour la première fois comme symbole national pendant son discours à la fin de l'université d'été des jeunes de l'UMP. Guy Môquet était un jeune résistant communiste qui était fusillé à l'âge de 17 ans par les Allemands le 22 octobre 1941. Il a écrit une lettre d'adieu à ses parents avec des paroles très émouvantes. Comme cela cette histoire est devenue une épopée de la Résistance de la seconde guerre mondiale. Ainsi Nicolas Sarkozy se sert de ce personnage glorifié. C'est un fil rouge dans sa campagne présidentielle: le 14 janvier 2007 lors du discours fondateur qui marque le début de sa campagne présidentielle, il s'appuie encore sur Guy Môquet. Puis lors de la passation des pouvoirs, le 16 mai 2007, le nouveau président rend hommage aux 35 jeunes résistants qui ont été exécutés par les nazis, dans le bois de Boulogne près de Paris. Enfin Sarkozy a ordonné que la lettre d'adieu de Guy Môquet doive être lue dans une cérémonie désormais annuelle, chaque 22 octobre dans tous les lycées. La première cérémonie pour la lecture de la lettre, initiée par l'Elysée le 22 octobre 2007 devient un grand événement public. Nicolas Sarkozy lui-même était présent au lycée Carnot à Paris qui était celui de Guy Môquet. Nicolas a su faire de la lecture un grand spectacle solennel en laissant assister à la lecture des lycéens des établissements publics et privés. Mais aussi une multitude d'autres personnages a été recrutée pour lire la lettre: les pompiers, les policiers, les sportifs et les chanteurs. Sarkozy a aussi ordonné l'embellissement de la station de métro Guy Môquet et il a voulu même lancer un timbre pour lui rendre hommage. Il fait tout cela pour faire entrer le 22 octobre dans l'histoire de la France.

Alors il en résulte que Nicolas Sarkozy tient beaucoup d'avantages politiques et surtout personnelles de ces actions améliorant son image. Il se montre comme grand homme politique

---

[1] cf. L'EXPRESS 26/7/2007 p.25

et constate que <<(…) la politique est d'abord une affaire de symbole>>[1]. Nicolas veut dépasser tout les clivages et unir les Français sous la nationalité. En même temps son intention est de donner un message pour l'avenir. D'après lui, les jeunes doivent s'identifier avec la France. Une rupture avec la politique des derniers 30 ans est donc inévitable pour une nouvelle France plus démocratique et plus sociale.

Mais en vérité, comme déjà dit, le plus grand avantage pour lui est l'amélioration de son image. Nicolas Sarkozy peut parfaitement se mettre en scène avec de telles grandes actions publiques. A la suite sa popularité chez le peuple augmente beaucoup. Le chef de l'Etat s'appuie sur les paroles émouvantes d'un jeune héro national pour idéaliser sa propre image.

2.1.2 Maître de la politique des symboles

Guy Môquet n'est absolument pas le seul exemple où Nicolas Sarkozy montre qu'il maîtrise la politique des symboles. Voire qu'il n'y résulte rien, le président réagit à tous les problèmes avec des actions symboliques. Par exemple dans la crise financière en automne 2008 Nicolas a organisé un meeting avec tous les chefs des grandes banques et prestataires de services financiers[2]. Ce n'était qu'un acte symbolique, parce que le meeting n'a pas apporté des solutions, mais tous les Français pouvaient regarder les discussions à la télé. De cette manière Nicolas a montré encore une fois qu'il s'occupe des problèmes et que le gouvernement garde le contrôle. Ainsi on voit Nicolas Sarkozy comme l'homme qui est un spécialiste dans les crises. Ou est-ce qu'on devrait plutôt le voir comme spécialiste dans la politique des symboles? Une chose est tout claire: pour calmer et apaiser son peuple sa politique se sert beaucoup plus de son apparition que de ses actions.

Sa politique des symboles est seulement un moyen avec lequel Nicolas Sarkozy montre qu'il voulait toujours changer la politique de la France. Particulièrement depuis son élection il parle toujours de la «rupture» avec la politique de ses prédécesseurs. Alors quels sont les changements qu'il a explicitement ordonnés?
Explorons le nouveau vent à l'Elysée!

2.2 Les changements dans le gouvernement et à l'Élysée

Comme déjà dit, la façon comme Nicolas Sarkozy agit dans son métier est une toute autre en comparaison avec son prédécesseur. Il a toujours répété «Moi, ce n'est pas Chirac»[3]. Et voilà les différences se montrent immédiatement après qu'il est entré en fonctions. Le chef de l'Etat commence – de manière définitive – avec sa «génération Sarkozy»[4] et de nouvelles mœurs à l'Élysée. Changer tout de suite ce qu'il ne peut plus faire plus tard, c'est sa devise. D'abord il a réduit le nombre des ministres de 29 à 15. La sélection des ministres est aussi interpartiale. Ainsi Sarkozy veut montrer qu'il est le président de tous les Français. De plus le nouveau gouvernement composé par le président est le plus paritaire jamais formé. Parmi les 15 ministres il y a 7 femmes, dont deux ont des postes même régaliens : Michèle Alliot-Marie, ministre de l'Intérieur et Rachida Dati, ministre de la Justice. La dernière est aussi Garde des Sceaux et Nicolas Sarkozy la stylise comme une vedette parce qu'elle est la fille des immigrantes maghrébins. Comme cela elle représente les minorités visibles et Nicolas peut l'utiliser comme un symbole pour l'intégration et comme sa porte-parole. Un Président de la République n'a jamais avant donné une telle responsabilité à une fille d'immigrantes. Bien sûr, c'est un premier pas de Nicolas Sarkozy pour être reconnu par les minorités, et particulièrement les immigrantes parce que sa deuxième porte-parole, Rama Yade, qui était une figure dans sa campagne électorale et qui représente maintenant les jeunes militants UMP, est aussi immigrante. Elle est née à Dakar et vient du Sénégal. Enfin la «génération Sarkozy» est plus jeune. Les ministres sont des quadragénaires et des quinquagénaires, seulement trois entre eux ont plus de soixante ans. Sarkozy lui-même paraît très nonchalant à l'Élysée. Il vient aux meetings en bras de chemise et laisse la veste dans son bureau[5]. Impensable sous l'ancien régime. Le vieux bureau de Chirac, il l'aménage avec des objets d'art moderne. Ce sont de nouveau des symboles, cette fois stylistiques, avec lesquels Nicolas Sarkozy veut démontrer le changement et sa «rupture» avec la stagnation dans la politique de la France, causée par ses prédécesseurs.

Maintenant quelles sont les nouvelles réformes? Qu'est-ce que c'est que Sarkozy veut concrètement faire? À la suite quelques projets, premièrement concernant la politique intérieure.

---

[2] cf. http://www.ftd.de/koepfe/whoiswho/:Kopf-des-Tages-Nicolas-Sarkozy-Meister-der-Symbol-Politik/420959.html
[3] cf. L'EXPRESS 24/5/2007 p.20
[4] cf. L'EXPRESS 24/5/2007 p.30 et http://www.web-libre.org/dossiers/gouvernement-sarkozy_35/

2.3 Les réformes dans la politique intérieure[6]

Un projet très important de son quinquennat est de faire baisser le taux de chômage de 8,3% à 5%. De plus Sarkozy veut une exonération fiscale des heures supplémentaires. De cette manière il veut que tout le monde ait la possibilité de <<travailler plus pour gagner plus>>[7]. Un autre objectif est d'abréger les délais de préavis, mais en même temps d'augmenter les bonifications pour les employeurs licenciés. Pour lutter contre le chômage des jeunes Nicolas a envisagé de permettre des emplois d'apprentissage dans les entreprises aux jeunes des banlieues. L'accès au marché libre pour les entreprises moins grandes doit être facilité pour créer des nouveaux lieux de travail.

Le ministère de l'Intérieur, restructuré sous Michèle Alliot-Marie, s'occupe de la tâche principale, la sécurité intérieure.

Concernant l'immigration et l'intégration, c'est la première fois qu'un ministère autonome est fondé pour cet exercice. Ce ministère assume toutes les tâches dans les ressorts de l'immigration, de l'intégration, de l'identité nationale et de la coopération relative aux questions du développement. Sarkozy veut aussi limiter le groupement familial : pour vivre en France les immigrants doivent avoir un abri, un travail et savoir parler le français. D'après le président la plupart des étrangers sans papiers valables quitteraient la France tout volontairement si on leur donnait un plus grand bonus.

Comme Nicolas Sarkozy a choisi son cabinet paritaire, il se bataille aussi pour la parité des hommes et des femmes au marché du travail ainsi que pour l'embauchage de plus d'handicapés. Un autre but est la baisse des taxes pour les étudiantes qui travaillent pour financer leurs études.

Dans le domaine de l'éducation et de l'enseignement Sarkozy prévoit de meilleurs conditions et une augmentation des salaires pour les professeurs en réévaluant le métier des professeurs dans la société. L'abolition de la «Carte scolaire» permet aux parents le choix libre d'une école pour leurs enfants. Pour financer des nombreux projets dans l'enseignement supérieur le chef de l'Etat considère une augmentation de 50% des dépenses publiques dans ce ressort comme nécessaire. Entre autres il y a des programmes pour le développement des foyers

---

[5] cf. L'EXPRESS 24/5/2007 p.21
[6] cf. http://www.km.bayern.de/blz/eup/03_07/1.asp (Die wichtigsten innenpolitischen Reformvorhaben der Regierung Sarkozy)
[7] cf. http://www.km.bayern.de/blz/eup/03_07/1.asp (Die wichtigsten innenpolitischen Reformvorhaben der Regierung Sarkozy, ligne 2)

d'étudiants et pour une augmentation du nombre des bourses pour les étudiants de la classe moyenne. Encore un pas vers la direction: «Je suis le président de tous les Français».

Dans la politique écologique il voit le futur de l'énergie dans l'énergie nucléaire. Mais pour se joindre à la politique actuelle de la protection de l'environnement il veut aussi agrandir le contingent des énergies renouvelables. En même temps il envisage de baisser les taxes pour les entreprises qui travaillent écologiquement exemplaire.

En résumé on peut dire que Nicolas Sarkozy adopte beaucoup des nouvelles réformes et que sa politique intérieure est très ambitieuse. Alors, ce n'est pas étonnant quand on regarde sa devise des principes «de tolérance et d'ouverture» conjointement avec la «rupture» de la politique de stagnation. Ainsi Nicolas réalise ses projets très vite et cela lui rendre très populaire parce que les Français voient qu'il vraiment fait quelque chose et que toutes ses réformes n'étaient pas seulement des promesses vides.

2.4 La politique extérieure[8]

En premier ligne la devise de Nicolas Sarkozy dans la politique extérieure est une France représentative en Europe et dans le monde. Il montre surtout beaucoup d'engagement dans la politique européenne mais il conserve aussi les relations transatlantiques avec les Etats-Unis. Par conséquent Sarkozy s'explique d'une côté pour une Europe plus autonome vis-à-vis les Etats-Unis et de l'autre côté il soutient l'amitié avec George W. Bush. Il offre toujours d'appui aux Etats-Unis, tout en accentuant qu'il y a toujours la possibilité des désaccords dans une amitié.

L'élection de Barack Obama comme nouveau président des Etats-Unis est considéré par Nicolas Sarkozy comme un grand espoir pour les relations futures entre les deux pays. Même avant les élections américaines Sarkozy a dénommé Obama comme «son ami» et il lui a dit, lors d'un séjour d'Obama à l'Élysée, que la France serait tout heureuse s'il gagnait. Bien sûr, c'est une farce de Nicolas Sarkozy pour s'insinuer auprès du futur président. De même la félicitation après la victoire d'Obama où Sarkozy afflue que cela éveille un espoir immense dans le monde entier. De plus, Nicolas Sarkozy se laisse fêter comme «l'Obama des Français»[9] parce que tous les deux symbolisent «une rupture politique» dans leur pays. De plus Sarkozy voit des nouvelles chances pour une coopération transatlantique, par exemple il considère Obama comme un nouvel allié dans la bataille contre le changement climatique.

---

[8] cf. http://www.km.bayern.de/blz/eup/03_07/1.asp (Außen- und europapolitische Leitlinien)

Mais comme déjà dit le président de la France se montre surtout comme Européen imbu. Il a l'intention de l'Union Européenne multilatérale avec le traité constitutionnel européen. Après que les Français avaient voté «non» pour ce traité, Sarkozy se bataille au moins pour le «traité simplifié» qu'il veut imposer avec l'aide de la chancelière fédérale de l'Allemagne, Angela Merkel. Mais ce chemin ne lui rendre pas populaire auprès de son peuple qui voit le traité comme un «viol politique»[10]. Sarkozy se sert quand même de ce traité pour améliorer la coopération des institutions dans l'Union Européenne. Concernant l'élargissement de l'UE il est contre l'adhésion de nouveaux pays. Il est aussi pour la continuation du partenariat privilégié avec la Turquie mais contre l'adhésion de celle-ci à l'UE. Les relations entre la France et l'Allemagne sont très importants pour Sarkozy, mais elles ne sont pas vraiment exceptionnelles. Pour lui les relations avec d'autres partenaires sont également nécessaires et importantes. Par conséquent il voit le futur de l'Europe dans une coopération de pays multilatéraux et pas seulement dans la coopération bilatérale franco-allemande. De l'autre côté il faut mentionner que le premier voyage à l'étranger de Sarkozy après son entrée en fonctions a été une visite à Berlin chez Angela Merkel où il déclare que les relations franco-allemandes sont «saintes»[11]. Alors cette geste n'avait le sens que pour s'insinuer auprès de la chancelière allemande qui présidait à cette époque le Conseil de l'Union européenne. De cette façon il était plus facile pour Nicolas d'imposer ses intentions, ensemble avec Angela Merkel, comme par exemple du traité constitutionnel européen. Un autre symbole pour prouver que Nicolas Sarkozy est un politicien européen est le défilé des compagnies du militaire de tous les 27 pays de l'UE aux Champs-Élysées, qu'il organise le 14ᵉ juillet 2007, la date de la fête nationale de la France.

Pour qualifier le comportement de Nicolas Sarkozy en tant qu'homme politique on peut dire que sa première devise est d'obtenir des avantages politiques et personnels de ces actions et de repolir son image. Cet homme, pour imposer ses projets, opère toujours de manière très stratégique: il augmente sa popularité, il s'insinue auprès des autres politiciens et surtout il sait analyser la situation et l'arranger pour son mieux.

Alors comme déjà dit au début cet homme politique n'est pas un politicien ordinaire comme beaucoup d'autres. Il ne reste pas dans son bureau et évite le public. Le président de la France ne fait pas une politique sèche et ennuyeuse. Nicolas Sarkozy adore et veut toujours attirer l'attention des médias. Maintenant regardons ce Nicolas Sarkozy, vedette des médias, ce président omniprésent qui sait se commercialiser comme une pop star. Pourquoi est-ce qu'il

---

[9] cf. http://www.focus.de/politik/ausland/obama-sieg-sarkozy-setzt-hoffnung-auf-obama_aid_346438.html
[10] cf. http://groups.google.be/group/EuropeInfo/browse_thread/thread/24446662903ef543
[11] cf. http://www.km.bayern.de/blz/eup/03_07/1.asp

est tellement célèbre et d'où vient sa bonne image auprès presque tout les Français? On va analyser et comprendre!

3. La médiatisation de Nicolas Sarkozy

3.1 Sarkozy, pourquoi fascine-t-il la population?

Il n'y a presque aucun jour où on ne le trouve pas à la télé, dans un magazine, dans le journal ou on n'entend pas quelque chose de lui à la radio: Nicolas Sarkozy. Les raisons pour ce phénomène sont multilatérales[12]. D'abord il fascine le peuple parce qu'il est l'incarnation de l'espoir pour le changement politique. Il sait présenter son propre personnage très imposant et aussi puissant en cherchant toujours des sujets d'actualité pour sa politique. Ses actions et sa parole de la «rupture» sont mises en scène spectaculairement et surtout très systématiquement. De plus il sait véhiculer sa politique et sa devise très directement, très clairement et avec des mots simples. Suivant il accède le peuple et Sarkozy lui même est accessible à tous et les Français peuvent s'identifier avec leur président.

Une autre raison pour laquelle Sarkozy fascine est qu'il est un président plutôt jeune. Cela se rime avec beaucoup d'énergie pour régner un pays. Les Français espèrent qu'ils peuvent profiter de cette énergie et de cette dynamique du président. Un jeune président se commercialise vraiment bien, en particulier s'il a une jeune femme à son côté, par exemple Carla Bruni. Mais regardons les femmes un peu plus tard. Les jeunes politiciens sont toujours très populaires et leur façon nonchalante et dynamique les rendre souvent même comme mythique. Il y a des exemples dans l'histoire d'autres pays: J.F. Kennedy, le jeune président des Etats-Unis qui était assassiné est devenu un mythe, Toni Blair, le premier ministre de l'Angleterre était plutôt jeune et dynamique et très populaire auprès de son peuple et Barack Obama, le futur président des Etats-Unis est déjà fêté comme une légende dans l'histoire américaine et cela non seulement parce qu'il est noir, mais aussi parce qu'il est jeune est très engagé. Nicolas Sarkozy cumule beaucoup de ces qualités, il est nonchalant et audacieux parce qu'il dit les choses qu'il pense et pour cela il ne pratique pas la langue de bois. Une chose qui attire, tout naturellement, la presse people.

Finalement Sarkozy a le bonheur que les Français étaient déçus par le chiraquisme et ainsi ils soutenaient Nicolas qui représente la personnalisation du pouvoir et du changement. Au moins peu après son élection Nicolas Sarkozy, comme successeur de Jaques Chirac, profite de

---

[12] cf. L'EXPRESS 23/8/2007 (Sarkozy Pourquoi il fascine)

la fierté de son peuple. Les Français donnent au nouveau président tout leur espoir et leur grâce. Il en résulte que le nouveau président Sarkozy d'abord profite beaucoup de cet état de grâce et qu'il est célèbre et aimé par tout son peuple. De plus il tient la plupart de ses premières promesses concernant les réformes politiques et il s'engage pour une France forte dans un monde de plus en plus mondialisé. A la suite, bien sûr, Sarkozy gagne la confiance des Français et il renforce la fierté nationale qui lui rend encore une fois plus fameux et populaire. – Une cible parfaite pour les médias!

3.2 Les liens médiatiques

Mais Nicolas Sarkozy n'est pas la victime des médias. Il y a encore une raison très forte pour la surexposition médiatique de Nicolas Sarkozy: Ses relations et ses liens avec les patrons des médias. Beaucoup de ces derniers sont des connaissances de Nicolas Sarkozy ou même ses amis, avec lesquels il soutient les relations déjà depuis de nombreuses années. Ces relations permettent à Sarkozy un certain contrôle de sa médiatisation publique. Pendant les élections il a accentué: <<Je veux être le candidat du peuple et non celui des médias>>[13]. Mais en vérité Nicolas a travaillé ensemble avec ses <<amis médiatiques>> pour influencer ce que le public peut savoir sur lui. Serge Dassault, par exemple, le propriétaire du <<Figaro>> et d'autres magazines très renommés, est un des hommes les plus riches de la France et un vieil ami et membre du même parti de Nicolas Sarkozy. Ainsi était-il plus facile pour Nicolas Sarkozy d'éviter la critique de la presse. Car quand un magazine écrit quelque chose qui ne plaît pas à Sarkozy, il invite tout de suite son <<ami>> pour le petit déjeuner et il se plaint de la manière suivante : <<Je ne le comprends pas. J'ai pensé que nous sommes des amis...>>[14]. Ou il considère même la critique la plus petite comme une trahison. C'est <<la façon Nicolas Sarkozy>> d'influencer et surtout d'embellir ce qu'il est écrit sur lui. Concernant la télévision c'est la même chose. Le propriétaire de la station TF1, Martin Bouyges, était le témoin de mariage de Nicolas et Cécilia Sarkozy et le parrain de leur fils. Et pour nommer encore un de ses nombreux <<amis>> ultérieurs, il y a Arnaud Lagadère, qui possède plusieurs éditions et stations de télé et de radio.
Pour conclure on peut dire que Nicolas Sarkozy a construit un vrai réseau médiatique qui s'étend entre lui et les patrons des médias. Ce réseau est très organisé et consiste de bienfaits mutuels. Le président flatte <<ses amis>> très cordialement quand il se trouve dans les

---

[13] cf. L'EXPRESS 31/5/2007 p.23

médias ce qu'améliore sa réputation, par exemple l'embellissement du mariage avec Cécilia, dont la description dans la presse était le contraire de la réalité. Mais quand on critique Sarkozy il joue l'ami vexé. A la suite Sarkozy gagne beaucoup de puissance en contrôlant une grande partie des médias publics et aussi en les utilisant pour améliorer son image publique.

Les problèmes concernant cette procédure de Nicolas Sarkozy sont rares, parce que plusieurs groupes influents et puissants sont dépendants de l'Etat en tant que clients et ceux sont au conflit avec les médias quand ils mécontentent leur client[15]. Ainsi peut-il se passer qu'un rédacteur en chef perd <<par hasard>> son poste quand il y a un article dans son magazine qui dépite M. Sarkozy. Un fait qui limite l'indépendance des médias de l'Etat parce qu'il est dangereux de se disputer avec l'Etat qui est soutenu par les grands groupes. Alors, qui ne veut pas avoir le chef de l'Etat comme ami?

3.3 Les femmes de Nicolas Sarkozy

3.3.1 Comment il se sert des femmes pour renforcer sa popularité

A côté de son propre jeu avec les médias Nicolas Sarkozy se sert encore d'un autre moyen pour se propager et s'insinuer auprès du peuple: les femmes. Comme déjà mentionné le mariage de Nicolas avec Cécilia a été embelli par les médias comme l'idylle très romantique[16]. A la suite Nicolas Sarkozy pouvait profiter de l'image d'un mari très aimant et du grand amour avec sa femme pendant les élections présidentielles. De plus Cécilia était très discrète en ce qui concerne leur vie privé. Comme cela Cécilia était la femme idéale pour Nicolas qui savait bien cacher toutes les crises de leur liaison pendant les élections. Après les élections présidentielles Nicolas Sarkozy envoie sa femme en Libye, comme ambassadrice humanitaire, pour libérer six infirmières qui étaient condamnées à mort. Grâce au succès de cette action et à l'engagement sans cesse avec lequel Cécilia a mené les négociations toute seule et en anglais[17], la popularité des Sarkozys a beaucoup augmenté. Ainsi Nicolas a-t-il créé un spectacle très médiatique grâce à sa <<First Lady>>. En vérité on se demande dans la politique européenne si cette libération des infirmières n'a pas été déjà réglée d'emblée[18].

---

[14] cf. http://www3.ndr.de/sendungen/zapp/archiv/medien_politik/zapp1410.html
[15] cf. http://www3.ndr.de/sendungen/zapp/archiv/medien_politik/zapp1410.html (dernier paragraphe)
[16] cf. http://www3.ndr.de/sendungen/zapp/archiv/medien_politik/zapp1410.html (Gegenseitige Gefälligkeiten)
[17] cf. http://www.spiegel.de/politik/ausland/0,1518,503807,00.html (cinquième paragraphe)
[18] cf. http://www.spiegel.de/politik/ausland/0,1518,503807,00.html (troisième paragraphe)

Mais même si cela serait le cas, Nicolas Sarkozy a eu tout ce qu'il voulait – l'attention du public et des médias. À Cécilia près Nicolas Sarkozy sait aussi très bien se servir de toutes les autres femmes qui lui entourent pour montrer qu'il se bat pour la parité et l'égalité des femmes et des hommes. De cette façon il se stylise et est aussi stylisé par les médias comme un homme qui défend les droits des femmes. Ce fait a déjà commencé quand il était ministre de l'Intérieur et quand il a adopté une loi pour l'amélioration de la situation des étrangères qui vivent avec un Français et qui sont victimes des violences[19]. De cette manière Sarkozy continue son travail comme un homme qui lutte pour l'amélioration des droits des femmes. Pendant les élections il s'est laissé dominer ciblé par son adversaire Ségolène Royal pour montrer spécialement aux femmes qu'il n'est plus le dirigeant brutal[20]. En tant que président Nicolas Sarkozy ne tarde pas à montrer au public qu'il s'engage activement pour les femmes. Il s'appuie donc sur le choix de ses ministres. Il est le premier président à affirmer la nécessité de la parité au sein du gouvernement. Comme cela il a même l'idée de créer un ministère de plein exercice pour les droits des femmes. La confiance entre lui et ses ministres féminins est très importante pour Nicolas Sarkozy. Le président se confère avec elles et elles font l'objet de plusieurs propositions dans son programme, s'il s'agit de l'égalité salariale, de la lutte contre les violences conjugales ou de la retraite pour les femmes qui se consacrent exclusivement à l'éducation de leurs enfants. Avec ses femmes à la politique et la propagande séante à son tour, comme par exemple <<J'ai nommé Rachida Dati garde des sceaux afin qu'aucun enfant de nos banlieues ne puisse douter qu'il n'y a en France qu'une seule justice, égale pour tous>>[21], Nicolas Sarkozy montre la volonté d'être aimé par tout le monde. Spécialement avec Rachida Dati il a deux avantages, il s'adresse aux femmes et aussi aux immigrants. En résumé on peut dire que Nicolas Sarkozy veut le bien des femmes à la condition que tout le monde soit d'accord avec lui[22]. Ainsi utilise-t-il les femmes comme un moyen pour augmenter sa popularité et mettre des nouveaux accents dans la politique pour être lui-même toujours d'actualité et le sujet de l'attention publique.

---

[19] cf. L'EXPRESS 12/7/2007 p.26
[20] cf. L'EXPRESS 12/7/2007 p.19
[21] cf. L'EXPRESS 12/7/2007 p.23
[22] cf. L'EXPRESS 12/7/2007 p.19 (Elisabeth Roudinesco)

3.3.2 Carla Bruni – La vedette aux côtés du président

Une des sensations médiatiques les plus grandes autour de Nicolas Sarkozy est la liaison avec Carla Bruni. Depuis le divorce de Cécilia et l'annonce de la nouvelle femme dans la vie du président les rapports dans les médias se multiplient à la fin de l'année 2007. Quand Nicolas Sarkozy et Carla Bruni ont visités <<Disneyland>> ensemble ils se sont laissés accompagnés par plusieurs photograpes[23]. Cette action avait le but de rendre leur liaison publique et officielle ou plutôt – ce que Nicolas sait faire le meilleur – attirer l'intérêt public et celui des médias par une mise en scène offensive[24]. Quelques voyages du couple en Égypte, en Arabie Saoudite et en Inde ont aussi attiré de l'attention, parce que ces pays n'étaient pas d'accord avec une fréquentation d'une compagne du président qui n'est pas marié avec lui ou parce qu'on ne savait pas comment traiter une telle personne dans ce pays. Enfin, le 2 février 2008, Nicolas Sarkozy épouse Carla Bruni. Mais c'était seulement le début de la médiatisation de la vie privée de Nicolas Sarkozy et sa nouvelle femme. Pourquoi? Pour répondre à cette question il faut savoir qui est Carla Bruni et connaître son passé. Carla Bruni est un ex-mannequin vedette italien et une chanteuse qui a, entre autres, gagné son argent avec des photos de nu. De plus on lui attribue de nombreuses affaires avec des personnages importants comme Mick Jagger ou Donald Trump[25] et elle a déjà un fils d'une ancienne liaison. Comme cela il est compréhensible que les Français fussent très indignés qu'une telle personne devenait Première Dame de la France[26]. Un ex-mannequin italien qui s'est laissé photographier tout nu devrait dès maintenant représenter la France aux côtés de Nicolas Sarkozy? – La place dans la presse à sensations a été assurée pour Nicolas Sarkozy et Carla Bruni. Mais comme les Français ont vu Carla Bruni d'abord comme une provocatrice à cause de son passé turbulent, ils ont progressivement appris à aimer, voire admirer la nouvelle Première Dame. La chanteuse belle avec la voix calme et un peu fumeuse a réussi à gagner le cœur des Français. Grâce à son nouveau comportement qui est discret et délicat[27] (une raison pour laquelle les Français aiment la Première Dame) et grâce à son vœu matrimonial[28], les Français sont aujourd'hui très contents du style avec lequel Carla Bruni représente leur pays. Presque chacun qui la rencontre maintenant, soit en France ou à l'étranger, la décrit comme une femme très

---

[23] cf. http://de.wikipedia.org/wiki/Carla_Bruni (Beziehung und Ehe mit Nicolas Sarkozy)
[24] cf. http://de.wikipedia.org/wiki/Carla_Bruni (Beziehung und Ehe mit Nicolas Sarkozy)
[25] cf. http://de.wikipedia.org/wiki/Carla_Bruni (Trivia)
[26] cf. http://unterhaltung.de.msn.com/stars/news-artikel.aspx?cp-documentid=8030914 (Carla Bruni - Vom Laufsteg in den Élysée-Palast)
[27] cf. http://www.focus.de/politik/ausland/carla-bruni-franzosen-lieben-sarkozys-frau_aid_307409.html

charmante et attrayante, non seulement à cause de son sourire et son style de mode qui ressemble à celui de Jackie Kennedy. Elle est même devenue tellement populaire qu'elle vole de plus en plus la vedette à Nicolas Sarkozy, mais regardons ce fait un peu plus tard. Finalement Carla Bruni est encore une fois devenue une vedette, mais cette fois pas sur la passerelle ou sur la scène mais aux côtés du président. Et Nicolas Sarkozy lui-même reste présent dans les médias à cause de sa femme qui savait même charmer les Anglais avec leur étiquette sévère[29].

4. L'évolution de l'image de Nicolas Sarkozy

Après avoir regardé le comportement et les actions de Nicolas Sarkozy concernant sa politique et sa médiatisation il devient plus clair qu'il a toujours besoin d'être au centre de l'intérêt. Bien sûr il a réussi! – Mais ce fait amène-t-il automatiquement une image positive? On peut dire que le président de la France est vraiment fameux aujourd'hui, mais est-il aussi aimé par tout le monde? Alors naturellement l'image de Nicolas Sarkozy a changée depuis les élections présidentielles. Retraçons son développement.

Au début, pendant les élections présidentielles et pendant les premières semaines comme nouveau président, Sarkozy pouvait bien profiter de sa devise de la <<rupture>> avec la politique de ses prédécesseurs. Les gens déçus du chiraquisme considéraient Sarkozy comme un président très dynamique qui apporte un nouveau souffle aux affaires à l'Élysée. Tout cela a mis le nouveau chef de l'État dans l'état de grâce auprès de son peuple[30]. De plus son nouveau cabinet paritaire et interpartial et son engagement pour les droits des femmes l'ont rendu populaire auprès d'une grande partie du peuple. Mais avec le temps sa bonne image et sa popularité ont décliné. Les nouvelles réformes du président n'ont pas apporté les résultats attendus. On critique sa politique en la comparant à <<des chantiers sans priorités clairement énoncées>>[31]. Les Français étaient fort déçus par exemple par la promesse d'augmenter le pouvoir d'achat qu'il ne savait pas réaliser[32]. La première euphorie pour le nouveau président se transformait ainsi en déception. La pressure sur Nicolas Sarkozy augmentait aussi beaucoup. Son système de l'hypercentralisation élyséenne a apporté deux inconvénients:

---
[28] cf. http://unterhaltung.de.msn.com/stars/news-artikel.aspx?cp-documentid=7525740
[29] cf. http://www.gala.de/stars/story/20539/Carla-Bruni-Die-Carla-Bruni-Show.html
[30] cf. L'EXPRESS 23/8/2007 (Sarkozy Pourquoi il fascine)
[31] cf. L'EXPRESS 7/2/2008 p.28

Premièrement ce système est peu adapté au début du XXIe siècle et deuxièmement Sarkozy <<n'est protégé par rien>>[33], il est responsable de tout et <<les ministres regardent trop vers le haut, pas assez vers le bas>>[34]. Cela veut dire que le président est responsable de toutes les fautes. La déception allait même si loin qu'on vendait une poupée de Voodoo du président pour que l'acheteur puisse l'empêcher de faire encore plus de dommage[35]. De plus la surmédiatisation du président a commencé à énerver les Français. Ils étaient fatigués du commérage sur Nicolas Sarkozy et désiraient un président plus sérieux[36]. Une raison importante pour la perte de sa bonne image au début de l'année 2008 était sa nouvelle femme, Carla Bruni. L'effet qu'a eu cette liaison sur les médias, était énorme comme déjà dit, mais désastreux pour l'image de Nicolas. Son image souffrait du passé infâme de l'ex-mannequin. Mais quand l'image de Carla Bruni a changé vers la Première Dame aimé par tout le monde les circonstances pour Nicolas Sarkozy ne s'amélioraient pas. Comme maintenant elle est très populaire et vole de plus en plus la vedette à son mari[37]. Nicolas reste comme un figurant aux côtés de sa vedette au public. Mais il a néanmoins réussi à assurer qu'on parle de lui.

Beaucoup de gens ont attendu son comportement en tant que président du Conseil de l'Union européenne de juillet jusqu'à décembre 2008. Sarkozy a de la chance parce qu'à cette époque les trois grandes crises (la guerre en Géorgie, la crise financière et l'irruption de la faible conjoncture) nécessitent un bon management. Dans ce métier Sarkozy a trouvé sa vocation[38]. Dans l'UE il montre son dynamisme et sa volonté d'agir. Par conséquent il a réussi à mettre l'UE en marche et à positionner celle-ci comme un Global Player. Quand on regarde son travail comme président du Conseil de l'Union européenne un peu plus critiquant et profondément il faut admettre qu'il a souvent essayé de mettre les intérêts de la France au premier plan ou de publier quelques idées sans les discuter d'abord avec ses partenaires – des choses qui ont dépité les gouvernements de quelques pays[39]. Concernant la présidence de l'UE il a seulement réalisé une décision dans la politique pour la protection de l'environnement et un management célèbre des crises. Mais son engagement énergétique lui a

---

[32] cf. L'EXPRESS 7/2/2008 p.27 et http://www.welt.de/politik/article1818565/Nicolas_Sarkozy_will_wieder_serioes_werden.html (dernières deux phrases)
[33] cf. L'EXPRESS 7/2/2008 p.23
[34] cf. L'EXPRESS 7/2/2008 p.23
[35] cf. article de l'Augsburger Allgemeine: <<Voodoo-Puppe von Sarkozy darf weiter verkauft werden>>
[36] cf. http://www.welt.de/politik/article1818565/Nicolas_Sarkozy_will_wieder_serioes_werden.html (titre)
[37] Exemple sur la feuille: Reine d'un séjour, Carla a volé la vedette à Nicolas © 28-3-2008 Le Figaro
[38] cf.http://www.nzz.ch/nachrichten/international/sarkozy_bilanz_eu_praesidentschaft_1.1463817.html?printview=true (dernier paragraphe)
[39] cf.http://www.nzz.ch/nachrichten/international/sarkozy_bilanz_eu_praesidentschaft_1.1463817.html?printview=true (deuxième et troisième paragraphe)

apporté quelque chose de très important pour son image – de l'admiration ! Ainsi peut-on voir cette présidence au conseil de l'UE comme un grand succès pour Nicolas Sarkozy et son image et cela non en dernier lieu à cause de son efficacité de transformer chaque coup du sort en victoire[40].

Après tout, les gens ont maintenant des opinions différentes sur Nicolas Sarkozy. Pour quelques-uns d'entre eux il est toujours la star avec une très bonne image qui est très aimée et admirée. Pour les autres il est seulement une déception et il y a aussi beaucoup de gens qui sont très énervés de son <<Sarko-Show>>[41]. Mais une chose est sûre : il ne manque ni d'idées ni de moyens pour renforcer son image comme président qui est omniprésent dans les médias et qui cause toujours un sujet de conversation.

5. Mon opinion personnelle de Nicolas Sarkozy

A la fin j'aime bien dire ce que je pense de Nicolas Sarkozy. Alors, d'abord j'ai pensé qu'il n'est pas différent d'autres politiciens hormis le fait qu'il veut se faire notamment important. Mais puis j'ai un peu envié les Français ayant un président qui s'occupe tellement bien de son peuple avec toutes ces nouvelles réformes et son intention de la <<rupture>> avec la politique de ses prédécesseurs. J'ai pensé qu'il pourrait améliorer la politique française parce qu'il montrait tant d'engagement. Avec le temps et avec plus d'informations que j'ai reçues en faisant ce travail j'ai cependant encore une fois changé mon avis sur le président de la France. Voyant que les résultats de sa politique n'ont pas vraiment apporté une amélioration et que beaucoup de Français sont déçus de lui, j'ai commencé à analyser le caractère de Nicolas Sarkozy et le comportement qu'il montre pour réaliser ces buts. Donc, à mon opinion, le but principal de cet homme est d'imposer son intention et d'être toujours au centre de l'intérêt. Comme cela pour réussir il veut attirer l'attention et gagner l'admiration pour ses actions. De plus il veut être aimé par tout le monde. Ainsi aime-t-il les flatteries et il flatte aussi ses amis mais il craint surtout la critique. Cela se voit très nettement dans son comportement vis-à-vis les journalistes qu'il connaît. Quand ces derniers se comportent de la façon comme il plaît à Sarkozy, il les tutoie et ils sont ses amis. Mais quand ces compagnons deviennent peu

---

[40] cf.http://www.nzz.ch/nachrichten/international/sarkozy_bilanz_eu_praesidentschaft_1.1463817.html?printview= true (premier paragraphe)
[41] Expression souvent utilisée dans la presse et dans l'internet pour le règne politique et la surmédiatisation de Nicolas Sarkozy cf. p.ex. http://www.wdr.de/tv/weltweit/sendungsbeitraege/2008/0508/index.jsp ou http://www.wiwo.de/politik/die-sarko-show-geht-zu-ende-380298/

confortables pour Sarkozy il réagit en disant: <<C'est drôle, je connais tous vos employeurs>>[42]. Donc, je pense qu'il faut toujours traiter Nicolas Sarkozy avec prudence! Pour imposer son intention il se sert non seulement de sa gentillesse et des flatteries, mais aussi des moyens plus durs comme la sournoiserie ou l'extorsion. Quant à moi on peut le décrire aussi comme égoïste parce qu'il veut toujours dicter tout seul et imposer ce que lui semble d'être vrai. Quelquefois, quand il est trop zélé et excité, il se comporte même comme un petit enfant. Par conséquent il fait des fautes. Comme par exemple quand il voulait féliciter Barack Obama notamment vite (pour s'insinuer auprès de lui et être le premier à le féliciter) pour sa victoire électorale, il a commis une faute pénible dans sa lettre: il écrivait Barak au lieu de Barack[43]. Mais il me faut accorder au président français qu'il vraiment maîtrise se mettre en scène et être omniprésent dans les médias, soit avec des actions positives ou négatives. Ainsi est-il probablement le chef de l'Etat le plus médiatisé de nos jours. Finalement il y a trois choses qui m'intéressent: Premièrement, Barack Obama arrive-t-il à voler la vedette à Nicolas Sarkozy? Deuxièmement, le mariage avec Carla Bruni dure-t-il? Et enfin, les Français éliront-ils Nicolas Sarkozy encore une fois comme président de la République? Laissons-nous surprendre comment le phénomène Nicolas Sarkozy se développera à l'avenir.

---

[42] cf.http://www.faz.net/s/RubDDBDABB9457A437BAA85A49C26FB23A0/Doc~E64511E2D203B415A8CA31BACC3E4CC66~ATpl~Ecommon~Scontent.html (deuxième paragraphe)
[43] cf. Augsburger Allgemeine N°258 6/11/2008 p.6 (en bas à gauche)

6. Sources

Dans l'internet:

(entre parenthèses : dernier état d'actualité)

http://dict.leo.org/?lp=frde&search (26-1-2009)
http://www.welt.de/multimedia/archive/00611/sarkozy_wal_DW_Poli_611613g.jpg (26-1-2009)
http://www.monsieur-biographie.com/celebrite/biographie/nicolas_sarkozy-1590.php (26-1-2009)
http://www.kas.de/wf/doc/kas_9089-544-1-30.pdf (26-1-2009)
http://www.ftd.de/koepfe/whoiswho/:Kopf-des-Tages-Nicolas-Sarkozy-Meister-der-Symbol-Politik/420959.html (26-1-2009)
http://www.web-libre.org/dossiers/gouvernement-sarkozy_35/ (26-1-2009)
http://www.km.bayern.de/blz/eup/03_07/1.asp (26-1-2009)
http://groups.google.be/group/Europelnfo/browse_thread/thread/24446662903ef543 (26-1-2009)
http://www.focus.de/politik/ausland/obama-sieg-sarkozy-setzt-hoffnung-auf-obama_aid_346438.html (26-1-2009)
http://www3.ndr.de/ndrtv_pages_std/0,3147,OID4011582_REF2488,00.html (26-1-2009)
http://www.faz.net/s/RubDDBDABB9457A437BAA85A49C26FB23A0/Doc~E64511E2D203B415A8CA31BACC3E4CC66~ATpl~Ecommon~Scontent.html (26-1-2009)
http://www.spiegel.de/politik/ausland/0,1518,503807,00.html (26-1-2009)
http://de.wikipedia.org/wiki/Carla_Bruni (26-1-2009)
http://unterhaltung.de.msn.com/stars/news-artikel.aspx?cp-documentid=7525740 (26-1-2009)
http://unterhaltung.de.msn.com/stars/news-artikel.aspx?cp-documentid=8030914 (26-1-2009)
http://www.focus.de/politik/ausland/carla-bruni-franzosen-lieben-sarkozys-frau_aid_307409.html (26-1-2009)
http://www.gala.de/stars/story/20539/Carla-Bruni-Die-Carla-Bruni-Show.html (26-1-2009)
http://www.nzz.ch/nachrichten/international/sarkozy_bilanz_eu_praesidentschaft_1.1463817.html?printview=true (26-1-2009)
http://www.welt.de/politik/article1818565/Nicolas_Sarkozy_will_wieder_serioes_werden.html (26-1-2009)
http://www.wiwo.de/politik/die-sarko-show-geht-zu-ende-380298/ (26-1-2009)
http://www.wdr.de/tv/weltweit/sendungsbeitraege/2008/0508/index.jsp (26-1-2009)

Littérature:

L'EXPRESS 26/7/2007 (Les grands complots de la Ve République)

L'EXPRESS 24/5/2007 (La révolution Sarkozy)

L'EXPRESS 23/8/2007 (Pourquoi il fascine)

L'EXPRESS 31/5/2007 (Sarkozy tient-il les médias?)

L'EXPRESS 12/7/2007 (Sarkozy et les femmes)

L'EXPRESS 7/2/2008 (La déception)

Article de l'Augsburger Allgemeine: <<Voodoo-Puppe von Sarkozy darf weiter verkauft werden>>

Augsburger Allgemeine N°258 6/11/2008

La feuille: Reine d'un séjour, Carla a volé la vedette à Nicolas © 28-3-2008 Le Figaro